AF591723

LE RAPPORTEUR

DE BONNE-FOI,

Ou Examen ſans partialité & ſans prétention du différend ſurvenu entre M. HUME *& M.* ROUSSEAU *de Genève.*

Quid verum atque decens curo & rogo, & omnis in hoc ſum.

Horat lib. I. Ep. I.

LE RAPPORTEUR DE BONNE-FOI,

Ou examen sans partialité, & sans prétention du différènd survenu entre M. Hume & M. Rousseau de Genève.

C'Est avec autant de plaisir que d'empressement, Monsieur, que j'ai l'honneur de vous adresser la petite prochure ci jointe, elle vous instruira de la querelle qui s'est élevée entre M. Hume & M. Rousseau,

& vous mettra à portée de voir lequel de ces deux hommes, également célébres, est l'innocent. Puisque vous exigez que je vous fasse part en même tems de ma façon de penser sur cette affaire ; je vous satisferai avec d'autant moins de répugnance que je n'aurai à combattre ni l'opinion du public qui est encore ignorée, ni aucun sentiment qui puisse m'inspirer une prévention obligeante.

Les deux fameux adversaires qui entrent aujourd'hui en lice, sont trop connus pour que j'aie besoin de vous donner des détails sur leurs personnes. Tous les deux écrivains éloquens, avec des vues aussi élevées que leurs connoissances sont profondes, ils sont doués d'un genie transcendant qui pénétre le cœur en parlant agréablement à l'esprit, & qu'ils semblent l'un & l'autre avoir consacré à étendre l'empire de la raison, par deux voyes à la vérité fort opposées. Le public doit, je pense, à ces deux grands hommes une égale reconnoissance. Mais ce n'est qu'avec le plus amer déplaisir qu'il les voit tourner contre eux-mêmes, les armes formidables dont ils se sont servi avec tant de succès pour combattre le fanatisme & pour dissiper les ténébres de la superstition. Que de sots compilateurs ou des insectes du parnasse, tels que M. Puisieux, M. Delaporte, M. Moline, M. Poinsinet, M. Blin, M. du Rozoy, M. Maton le Lionnois, & une fourmilliere d'autres consument leurs forces & leurs petits talens à de vaines querelles & à des disputes engendrées par la jalousie ou par l'amour propre; le public ne descend à ces petits disputeurs que pour leur jetter un regard dedaigneux & un ris moqueur qui le vengent des momens qu'ils lui arrachent; mais que les aigles de la litterature, qu'un Rousſeau, qu'un d'Alembert, qu'un Hume, qu'un Voltaire, hommes ſi ſupérieurs par les lumieres & par les talens perdent à s'accuſer & à ſe juſtifier un tems qui ſeroit bien mieux employé à éclairer leurs contemporains & à inſtruire la poſterité, ce ſpectacle arrache des larmes aux véritables amis des lettres, & le triomphe d'un des deux partis leur paroît encore la honte des vainqueurs & le ſcandale de la philoſophie.

. . . . Tantæ ne animis celeſtibus iræ !

Pour prevenir de nouvelles queſtions de votre part, Monſieur, voici tout ce que je ſais ſur les deux parties dont la conteſtation attire aujourd'hui l'attention de l'Europe littéraire.

Je n'ai jamais eu l'honneur de voir M. Hume, mais j'en ai toûjours entendu parler, dans les termes les poſées. Le public doit, je penſe, à ces deux grands hommes, une égale reconnoiſſance. Mais ce n'eſt qu'avec le plus amer déplaiſir qu'il les voit tourner contre eux-mêmes les armes formidables dont ils ſe ſont ſervi avec tant de ſuccès pour combattre le fanatiſme & pour diſſiper les ténébres de la ſuperſtition. Que de ſots compilateurs ou des inſectes du parnaſſe, tels que M. P*... M. D*... M. M*.. M. P*... M. B*... M. de R*.. M. M* .. le Lionnois, & une fourmilliere d'autres conſument leurs forces & leurs petits talens à de vaines querelles & à des diſputes engendrées par la jalouſie ou par l'amour propre; le public ne deſcend à ces petits diſputeurs quepour leur jetter un regard dédaigneux & un ris moqueur qui le vengent des momens qu'ils lui arrachent; mais que les aigles de la littérature, qu'un Rouſſeau, qu'un d'Alembert, qu'un Hume, qu'un Voltaire, hommes si supérieurs par les lumieres & par les talens perdent à s'accuser & à se justifier un tems qui seroit bien mieux employé à éclairer leurs contemporains & à instruire la postérité, ce spectacle arrache des larmes aux véritables amis des lettres, & le triomphe d'un des deux partis leur paroît encore la honte des vainqueurs& le scandale de la philosophie.

. . . . Tantæ ne animis celestibus iræ!

Pour prevenir de nouvelles questions de votre part, Monsieur, voici tout ce que je sais sur les deux parties dont la contestation attire aujourd'hui l'attention de l'Europe littéraire.

Je n'ai jamais eu l'honneur de voir M. Hume, mais j'en ai toujours entendu parler, dans les termes les avoir ma déférence. Au reste vous savez, que lorsqu'il est question de vous plaire, mon inclination ne voit que des roses dans les entreprises les plus épineuses.

Detestant également le fiel de la satyre & l'indulgence de la partialité, j'essayerai de vous développer à travers ces deux écueils les différentes sensations que j'ai éprouvées en lisant toutes les pieces de cet important démêlé. Si mon jugement vous paroît erronné, ne l'imputez qu'à mes sens, & plaignez la fausseté de mes perceptions, car je n'ai rien négligé pour m'éclairer. Les bruits publics m'avoient d'abord fait flotter dans l'incertitude de savoir de quel côté étoit la raison : une premiere lecture m'a montré M. Rousseau singulier, mais innocent; à la seconde je l'ai vu toujours plein de candeur, de droiture & de sensibilité ; la trosieme lecture enfin a confirmé ce jugement ; & j'ai ressenti le plus vif treſſaillement de joye en apercevant à la fois ſa pleine juſtification & l'évidence des torts de ſon adverſaire, peut être ce ſentiment, que je ne crois pas devoir diſſimuler n'a-t-il pas été un petit motif pour m'enhardir dans cet examen. J'y ajouterai le détail de quelques circonſtances peu favorables à la cauſe de M. Hume. Elles ſont parvenues à ma connoiſſance par des perſonnes qui ont été en liaiſon avec lui pendant ſon ſéjour à Paris; ſans garantir la vérité des choſes, parce que dans ce qui intéreſſe autrui, on ne doit ni croire ni certifier que ce qu'on a vu ou entendu ſoi-même. Je dois cependant aſſurer que les perſonnes ſont auſſi honnêtes que véridiques.

Nitor in adverſum; nec me qui cætera vincit
Impetus; & rapido contrarius evehor orbi.

Je vous avouerai d'abord de bonne foi que quand je vois M. Hume publier une brochure pour ſe plaindre tandis que M. Rouſſeau n'a répandu ſes plaintes que dans le ſecret de l'amitié, je ſuis vivement tenté de croire que M. Hume a tort. L'innocence à des droits ſi forts ſur tous les eſprits ; ſon langage perce ſi ſurement juſqu'aux cœurs honnêtes qu'elle ne perſuade jamais mieux, qu'alors qu'elle ſe taît. Il y a d'ailleurs, tant de philoſophie à ſouffrir la calomnie, & tant de méchanceté à ſe venger d'une accuſation particulière par des accuſations publiques, qu'un grand cœur ne peut ſeulement pas balancer entre ces deux partis.

M. Hume a-t-il prétendu eblouir, en imprimant, avec les petites reſtrictions d'uſage, les lettres de M. Rouſſeau qui le comblent d'éloges, & celles qui le chargent de reproches : *operosè nihil agit.* Je doute qu'il ait pleinement réussi, tout cet étalage de simplicité, de modération, & de candeur, prouve au jugement de plus d'une personne sensée que M. Hume n'a pas moins de vanité que de bienfaisance; qu'il ne croye pas autoriser cette conduite en criant que son silence eût compromis son honneur, & fait triompher son adversaire. Il est aisé de répondre à cette objection spécieuse, qui est le lieu commun usité par tous ceux qu'un amour propre blessé porte aux querelles. Ou M. Hume est innocent, ou il est coupable. S'il est innocent il ne falloit pas porter les premiers coups à un adversaire qui ne pouvoit que calomnier, le mépris l'eût forcé au silence; il ne falloit pas crier au monstre, à l'ingrat sur M. Rousseau, dans un pays où l'on ne connoissoit que sa reconnoissance, ou du moins il falloit à ces cris de fureur joindre d'abord la raison qui les faiſoit pouſſer (2). Que penſer de cette réticence adroite, ſinon qu'elle eſt placée pour ménager à l'orateur les moyens de préſenter ſa cauſe ſous un jour favorable, & le temps d'y déployer les reſſources d'une manœuvre combinée, dont l'innocence n'a pas beſoin.

Si M. Hume eſt coupable envers M. Rouſſeau, c'eſt le comble de la mal-adreſſe que de ſe défendre avant d'être accuſé; c'eſt préſenter l'antidote avant le poiſon, & c'eſt annoncer qu'on a raiſon de craindre la malignité de ce poiſon.

La gloire d'être utile à un homme

(2) M. Hume à d'abord écrit en Avril, ou May, à M. d'H**. à Paris, Rouſſeau eſt un monſtre, un ſcélerat, avec quelques autres qualifications du même goût : je n'ai pas le temps de vous en écrire d'avantage.... & on à répandu auſſi-tôt partout que M. Rouſſeau étoit un homme abominable, ſans dire pourquoi.

célébre par ses talens autant que par ses malheurs, a séduit d'abord le philosophe Anglois; peut-être même sa grande ame ne s'est-elle portée à cette action généreuse que par un pur mouvement d'humanité, & d'amour pour les lettres; mais il est difficile de ne pas s'appercevoir qu'il ne se soit glissé dans ses démarches un peu de vanité ou même d'envie; ou beaucoup d'imprudence & d'indiscrétion. On connoît à M. Hume un esprit trop profond & trop reflêchi pour qu'on le taxe d'être imprudent ou indiscret; mais il est démontré par l'expérience que rien ne s'allie mieux que l'orgueil & les grands talens, que la jalousie & un mérite éminent. *Cum magnis virtutibus adfers grande supercilium.*

Offrir des secours à un illustre malheureux sans le connoître autrement que par son mérite; lui procurer un asyle plein d'agrémens; voilà qui est digne sans doute d'une belle ame, & qui honore infiniment le cœur dans lequel est née cette généreuse resolution ; mais publier qu'on a fait obtenir à cet infortuné un passeport de la Cour de France, quand toute la France sait qu'il l'avoit obtenu lui-même par le crédit de ses amis ; avoir la fantaisie de faire peindre en grand, sans le consulter, cet homme qu'on oblige, lorsqu'on ne devoit attendre son portrait que de sa reconnoissance ; faire accorder une pension par le Roi d'Angleterre à un étranger qu'on présente comme un mendiant réfugié, & qui ne veut point accepter de pension sans s'être consulté ; ce sont là des petites particularités dont la source ne se trouvera surement pas dans une amitié modeste qui prefere la satisfaction de son ami à la gloire de passer pour bienfaisante. Et ces petites particularités paroissent être les écueils où la philoſophie de M. Hume eſt venue ſe briſer avec éclat.

Qu'on taxe, tant qu'on voudra, M. Rouſſeau d'une ſenſibilité qui tient de l'extravagance ; il n'en faut pas moins convenir que la généroſité de M. Hume eſt trop faſtueuſe, qu'elle ne ménage pas aſſez une ame orgueilleuſe qui eſt aigrie par l'infortune, & par là toujours diſpoſée à repouſſer des dons dans leſquels, il ſe decouvre plus d'oſtentation que de cordialité.

J'ai beau chercher à me convaincre du déſintereſſement de M. Hume dans les lettres dont il prétend ſe faire un bouclier ; je trouve qu'il eſt contre la nature, à moins qu'il ne ſoit prouvé que M. Rouſſeau s'eſt ſauvé des petites maiſons, que ce Genevois d'abord ſi confiant, ſi ſenſible aux bienfaits de ſon ami, le 4 Decembre 1765, le 22 & 29

Mars de cette année (3), change ensuite tout à coup de langage ; & qu'après s'être épuisé en remerciment avec cette énergie qui ne peut être que l'effusion d'un cœur pénétré, il se répande en plaintes & en reproches, sans le moindre sujet, sur de légers soupçons contre son ami, contre son bienfaiteur ; non ce changement n'est ni probable, ni prouvé. Suivons M. Rousseau dans les témoignages de son mécontentement. Sa voix est d'abord celle d'une amitié soupçonneuse qui a des doutes, qui cherche à les éclaircir & qui se voit certain qu'ils sont fondés par le refus qu'on lui fait d'une explication. Il jette alors les cris d'un homme desespéré d'être la victime de sa confiance, d'un homme convaincu que son patron toujours reservé ne le poursuit avec des bien-

(3) Voyez les lettres de ces dates dans la justification de M. Hume.

faits que pour afficher sa propre libéralité & pour en rendre l'objet plus méprisable par des refus auxquels il fait l'obliger secretement.

Ne trouverez vous pas comme moi, Monsieur, que la longue lettre de M. Rousseau à été écrite d'après cette persuasion ; & cette persuasion n'entre-t-elle pas naturellement dans l'esprit de quiconque connoît les artifices de l'orgueil, & les détours d'une jalousie ingénieuse ?

Lorsque M. Rousseau remarque que tous les papiers publics d'Angleterre, qui, avant qu'il y fût passé, étoient remplis de ses éloges & de cris contre ses persécuteurs, deviennent tout à coup les hérauts d'un millier d'inepties grossieres, & de mensonges outrageans, après qu'il y est arrivé sous l'égide de M. Hume, dont le crédit & la considération auroient dû le mettre à l'abri de toute injure, s'il eût pû en mériter ; lorsqu'il se plaint que par une fatalité singuliere tous les amis, toutes les connoissances de son patron, changent tout à coup à son égard, & ne lui témoignent bientôt plus que de la froideur & des duretés, quoique d'abord ils lui eussent fait de grandes honnêtetés, & qu'ils lui eussent marqué beaucoup d'estime & de soins offi ieux; lorsque cet infortuné Genevois raconte la façon revoltante dont M. Hume l'excuse auprès de M. Penneck, à qui il déclare obligemment, que M. Rousseau à mieux aimé aller à la comédie avec Mad. Garrick, que de visiter le musæum, & prévenir la visite qu'il lui rend; il me semble voir un blessé qui montre, qui fait toucher au doigt ses blessures, qui en indique la profondeur; à moins d'être aveugle & insensible on ne peut se refuser à le plaindre & à detester l'ennemi qui les lui a faites.

L'endroit de la même lettre, où il

eſt queſtion de faits qui ſuivant M. Rouſſeau, ne ſont ſçus d'aucun mortel que de M. Hume qui les a divulguées, ne m'a pas moins frappé que le trait de lumiere que je viens de vous mettre ſous les yeux, & j'en ai vainement cherché la refutation dans la replique de M. Hume. Cet écrivain s'eſt contenté ſimplement d'aſſurer dans une note, que ni lui ni toutes les perſonnes qu'il a conſultées n'ont aucune connoiſſance de la piece dont M. Rouſſeau ſe plaint. Vous avouerez que rien n'eſt plus aiſé & plus ſimple qu'une pareille dénégation; mais eſt-elle convaincante? juſtifie-t-elle abſolument M. Hume? C'eſt ce dont vous ne conviendrez pas plus que moi.

Que penſerez vous encore de ces cinq mots que M. Rouſſeau doit avoir entendu prononcer avec véhémence à M. Hume qui rêvoit : *Je tiens Jean Jacques Rouſſeau.* Si le fait eſt exact, on ne peut disconvenir que ces cinq mots ne suffisent pour légitimer tous les reproches de M. Rousseau & pour confirmer tous les torts de M. Hume. La note de ce dernier qui se défend d'avoir fait un tel rêve, a plus l'air d'une gentillesse enjouée que d'une apologie sérieuse, & vous la trouverez sans doute plus comique que persuasive; il est sûr qu'on ne rêve la nuit qu'à ce qui a occupé fortement pendant le jour : & si l'expérience ne démontroit pas cette vérité plus surement que des opinions, on feroit voir que tous les philosophes ont expliqué les rêves de la nuit par les idées, auxquelles on s'est longtemps arrêté pendant le jour (4).

(4) *Quo quisque ferè studio devinctus adhæret :*

Aut quibus in rebus multum sumus antè morati :

Il n'eſt point d'ame ſenſible qui ne ſoit pénétrée d'attendriſſement, & émue de la plus vive compaſſion ſur l'état de M. Rouſſeau lorſqu'il commente ces mots : *Je tiens J. J. Rouſſeau.* Souffrez que je vous mette ſous les yeux ce morceau ſi touchant (5). *Dolor ipſe diſſertum fecit.* ....

„ Ces mots dont le ton rétentit
„ ſur mon cœur comme s'ils venoient
„ d'être prononcés, les longs & fu-

Atque in qua ratione fuit contenta magis mens ;
In ſomnis eadem plerumque videmur obire.

Lucr. Lib. IV.

Quæ in vita uſurpant homines, cogitant, curant, vident, quæque agunt vigilantes, agitantque, ea cuique in ſomno accidunt.

Cic. *de Divinit.*

(5) Page 105. de l'Expoſé ſuccinct de la conteſtation qui s'eſt élevée entre M. Hume & M. Rouſſeau.

„ nestes regards tant de fois lancés
„ sur moi, les petits coups sur le
„ dos avec des mots de *mon cher*
„ *Monsieur* en reponse au soupçon
„ d'être un traitre; tout cela m'af-
„ fecte à un tel point après le reste,
„ que ces souvenirs, fussent-ils les
„ seuls, fermeroient tout retour à
„ la confiance, & il n'y a pas une
„ nuit où ces mots : *je tiens J. J.*
„ *Rousseau* ne sonnent encore comme
„ si je les entendois de nouveau.

„ Oui, M. Hume, vous me tenez,
„ je le sais, mais seulement par des
„ choses qui me sont extérieures;
„ vous me tenez par l'opinion, par
„ les jugemens des hommes; vous
„ me tenez par ma réputation, par
„ ma sûreté peut-être, tous les pré-
„ jugés sont pour vous; il vous est
„ aisé de me faire passer pour un
„ monstre comme vous avez com-
„ mencé, & je vois déja l'exultation
„ barbare de mes implacables enne-
„ mis. Le public en général ne me

„ fera pas plus de grace. Sans autre
„ examen il eſt toujours pour les ſer-
„ vices rendus par ce que chacun
„ eſt bien aiſe d'inviter à lui en
„ rendre en montrant qu'il ſait les
„ ſentir. Je prévois aiſément la
„ ſuite de tout cela, ſur-tout dans
„ le pays ou vous m'avés conduit,
„ & où, ſans amis, étranger à tout
„ le monde je ſuis preſque a votre
„ merci, les gens ſenſés compren-
„ dront cependant que loin que j'aie
„ pu chercher cette affaire, elle étoit
„ tout ce qui pouvoit m'arriver de
„ plus terrible dans la poſition où
„ je ſuis, ils ſentiront qu'il n'y a que
„ ma haine invincible pour toute
„ fauſſeté, & l'impoſſibilité de mar-
„ quer de l'eſtime à celui pour qui
„ je l'ai perdue, qui ayent pu m'em-
„ pécher de diſſimuler, quand tant
„ d'intérêts m'en faiſoient une loi;
„ mais les gens ſenſés ſont en petit
„ nom-

„ nombre, & ce ne font pas eux
„ qui font du bruit.

„ Oui, M. Hume, vous me te-
„ nez par tous les liens de cette vie;
„ mais vous ne me tenez ni par ma
„ vertu, ni par mon courage, indé-
„ pendant de vous & des hommes,
„ & qui me reftera tout entier mal-
„ gré vous; ne penfez pas m'effrayer
„ par la crainte du fort qui m'at-
„ tend. Je connois les jugemens des
„ hommes, je fuis accoutumé à leur
„ injuftice, & j'ai appris à les peu
„ redouter. Si votre parti eft pris
„ comme j'ai tout lieu de le croire,
„ foyez fûr que le mien ne l'eft pas
„ moins. Mon corps eft affoibli,
„ mais jamais mon ame ne fut plus
„ ferme, les hommes feront & di-
„ ront ce qu'ils voudront, peu
„ m'importe; ce qui m'importe eft
„ d'achever comme j'ai commencé,
„ d'être droit & vrai jufqu'à la fin,
„ quoiqu'il arrive, & de n'avoir pas

„ plus à me reprocher une lâcheté
„ dans mes miseres qu'une insolence
„ dans ma prospérité. Quelque op-
„ probre qui m'attende & quelque
„ malheur qui me menace, je suis
„ prêt. Quoique à plaindre je le se-
„ rai moins que vous, & je vous
„ laisse pour toute vengeance le tour-
„ ment de respecter malgré vous
„ l'infortuné que vous accablez.

„ En achevant cette lettre je suis
„ surpris de la force que j'ai eue de
„ l'écrire ; si l'on mouroit de douleur
„ j'en serois mort à chaque ligne.
„ Tout est également incompréhen-
„ sible dans ce qui se passe. Une con-
„ duite pareille à la vôtre n'est pas
„ dans la nature, elle est contradic-
„ toire & cependant elle m'est dé-
„ montrée. Abyme des deux côtés !
„ je péris dans l'un ou l'autre. Je
„ suis le plus malheureux des hu-
„ mains si vous êtes coupable ; j'en
„ suis le plus vil si vous êtes innocent.

» Vous me faites desirer d'être cet » objet méprisable. Oui l'état où je » me verrois prosterné, foulé sous » vos pieds, criant miséricorde » faisant tout pour l'obtenir, pu- » bliant à haute voix mon indignité, » & rendant à vos vertus le plus » éclatant hommage, seroit pour » mon cœur un état d'épanouisse- » ment & de joye, après l'état d'é- » touffement & de mort où vous » l'avez mis. Il ne me reste qu'un » mot à vous dire. Si vous êtes » coupable ne m'écrivez plus, cela » seroit inutile, & sûrement vous » ne me tromperez pas. Si vous » êtes innocent, daignez vous justi- » fier. Je connois mon devoir, je » l'aime & l'aimerai toujours, quel- » que rude qu'il puisse être ; il n'y » a point d'abjection dont un cœur » qui n'est pas né pour elle, ne » puisse revenir. Encore un coup, » si vous êtes innocent daignez vous

„ justifier : si vous ne l'êtes pas, „ adieu pour jamais. "

Si pour le malheur de l'humanité, l'homme qui tient ce langage est un fourbe, pleurons, Monsieur, pleurons sur la perversité du cœur humain, rien n'est plus dangereux, plus méprisable qu'un protée qui se varie & se pervertit, au gré de son caprice & de ses vues. Qu'on ne nous vante plus la condition des hommes avec leur sublime faculté de raisonner & de parler ; cette condition est mille fois au-dessous de celle des bêtes ; l'instinct du moins montre à celle-ci l'ennemi qu'elles ont à craindre. Le Tigre féroce ne peut emprunter la douce voix de la biche timide. Mais parmi nous, combien de fois n'a-t'on pas vu cet extérieur caressant, cette politesse empressée, dont se glorifient si fort les Européens, servir de voile à l'hypocrite pour approcher une victime innocente & pour choiſir l'endroit où il frapera le coup qui doit l'immoler. *Fallit enim vitium virtutis, & umbra.*

Faut-il donc fuir tous les hommes, me direz-vous, parce qu'il s'en trouve de traitres & de perfides? faudra-t-il faire divorce avec la ſociété, parce que la ſociété, qui eſt la nature morale, a ſes monſtres comme la nature phyſique? non, Monſieur, le remede ſeroit pire que le mal. Ce ſeroit ſe livrer à la mort faute de ſavoir choiſir un médecin; tout ce qui eſt l'ouvrage des hommes porte le ſceau de leur foibleſſe & de leur imperfection; ce ſont eux qui ont créé la ſociété, la morale, la politique, &c. Ne cherchons donc, dans leurs établiſſemens, rien qui ſoit abſolument bon, rien qui ſoit parfait, puis qu'il n'y a rien d'univerſellement reçu que ce que la nature, ou la raiſon grave dans tous les cœurs. Ne nous alienons pas cependant de l'humanité en exagerant le tableau de ses miseres; puisque nous sommes des hommes, vivons avec nos semblables, mais soyons en garde contre ces tendres caresses, contre ces douces flatteries qui ne sont à leur place qu'auprès de ce sexe aimable vers lequel nous porte la nature, & à qui cette sage mere n'inspire qu'une resistance nécessaire pour mieux nous conduire à ses fins. Defions-nous sur-tout de ces gens empressés & affectueux qui pour me servir de l'expression vulgaire, portent leur cœur sur leurs levres, & semblent l'offrir à quiconque les aborde; ils n'ont réellement point de cœur dès qu'il est déplacé, & cette noble partie de l'homme qui est le germe de toutes les vertus, leur manque absolument. Consolons-nous, Monsieur, avec l'idée qu'il est des hommes exempts de la contagion de cette politesse fade & excessive, masque toujours séduisant, pour la multitude, & toujours fatal à la candeur. Ils n'en sont ni moins bons ni moins généreux, mais ils sont plus désintéressés ; ils tendent la main pour secourir, jamais pour obliger, encore moins pour acquérir de la réputation ; quand leur conscience est satisfaite, qu'ont-ils besoin d'obtenir les bruyans applaudissemens d'une troupe inconstante & aveugle qu'il est si aisé de tromper ? Ces ames heureuses ont conservé leur pureté originelle malgré la nature morale qui déguise si souvent l'ouvrage de la nature physique dont elle n'est qu'une fille indocile ; aussi combien voit-on de variété dans les ames ; elle est aussi sensible que dans les visages. Si quelqu'un pouvoit être assez déraisonnable pour soutenir le contraire, j'en appellerois à l'expérience qui eſt le maître unique dont les leçons ſont infaillibles. Par exemple, peut-on imaginer que l'ame de l'Auteur pervers de la D... Fr..... ait été formée ſur le modele de celle de l'homme reſpectable qui a donné l'*Eſprit*, ou de celle de l'eſtimable *Ami des hommes*? Croira-t-on que le ſang qui coule dans les veines du Marquis de V** & qui le fait s'échapper des mains des Chirurgiens qui le guériſſent pour retourner ſur le champ de bataille où il trouve la mort, ſorte de la même ſource, que le ſang qui vivifie celui qui quitte ſon devoir pour ſes plaiſirs? Soupçonnera-t-on que l'ame de la Ducheſſe de V**, que ſes vertus & ſa modeſtie font reſpecter univerſellement, ſoit de la même trempe que celle de ces femmes proſtituées, qui portent leur morgue & leur inſolence juſques chez leur marchande de modes? ce principe sensitif qui éleve si fort le chantre du Czar Pierre I. au-dessus des complaisances humaines, & qui le prémunit contre les appas séducteurs d'un asyle qui pervertit tout, est-il le principe qui anime ce vil ecclésiastique qui rampe sur les parquets de Monseigneur, dont il mandie la faveur & la protection? Ce feu céleste qui porte deux mortels à se charger d'une entreprise qui paroissoit réservée à quelque chose de plus que des hommes, & qui les conduit à un heureux terme malgré les serpens de l'envie, & malgré les torches du fanatisme; le retrouvera-t-on dans ces malheureux apôtres de l'ignorance qui s'épuisent en cris de fureur parce qu'ils n'ont jamais connu la voix de la raison, qui font supprimer un ouvrage que tout l'univers policé eût dû encourager en prenant l'utile résolution d'en corriger les erreurs?

Non, toutes ces ames, si leur essence intérieure est la même, ont reçu des modifications si différentes qu'elles n'ont plus rien de commun que leur formation originelle. Convenons aussi, Monsieur, que la même ame peut éprouver des vicissitudes singulieres suivant l'âge & les circonstances au point de se rendre méconnoissable à elle-même si elle pouvoit avoir la connoissance de son être; c'est sans doute ce qui a fait dire à d'anciens philosophes qu'il y avoit plusieurs ames dans le même corps. Je ne vous en citerai, Monsieur, qu'un exemple sans recourir aux prodiges de ce genre operés par l'amour, & qui sont bien plus multipliés que ceux qu'opérent la raison & la maturité de l'âge. Vous avez vu l'élégant historien de Charles XII, le disciple de Corneille & de Racine; l'ingénieux détracteur de l'optimisme; ce poëte qui eût pu être le premier poete

François dans le genre des Chaulieu & des Lafare, Voltaire enfin, vous l'avez vu pour se venger d'une épigramme, s'acharner jusqu'à la cruauté sur le premier de nos poëtes lyriques, & le poursuivre jusques dans les ombres de la nuit éternelle ; vous avez vu ce poëte assis sur la cime du parnasse, en descendre pour combattre dans la fange un violon d'opéra, & pour le persécuter comme un criminel dont il demande le sang pour purifier la bouche indiscrette ; vous l'avez vu cet écrivain infatigable répandre le poison d'une muse jalouse sur le maître, & le prince des poëtes tragiques, verser à pleines mains le sel du sarcasme sur des écrivains qui n'admiroient pas ses ouvrages, ou qui osoient avoir un autre sentiment que lui sur les ouvrages des autres ; eh bien ! cet homme dont la bile s'allumoit à la moindre contradiction ; cet homme si disposé à lancer les traits de la vengeance, semble-t-il avoir la même ame, quand il court généreusement prendre la défense des Calas, des Sirven ; la chaleur qu'il met à les sécourir feroit croire qu'il acquitte une ancienne dette. Considérez aujourd'hui ce philosophe dans sa solitude, ses passions étoient autrefois d'un homme, sa vie actuelle est d'un sage. Il se fait une affaire capitale de répandre des bienfaits dans ses terres ; chaque jour il en détache un morceau qu'il abandonne à un malheureux qui s'y bâtit un asyle, & à sa famille. Les travaux auxquels il employe continuellement ses vassaux & les habitans de son canton ; travaux inventés par une générosité éclairée, & non par un goût désordonné aussi mobile que la feuille de ses forêts, chassent la misere & l'oisiveté de ses terres, & y répandent l'aisance & l'habitude du travail avec l'amour d'un patron ſi bienfaiſant. Ah ! Monſieur, s'il eſt donné aux hommes de ſe rapprocher de la Divinité créatrice de toutes choſes, eſt-il d'autre voie que celle de la bienfaiſance ?

Mais où m'emporte un zéle indiſcret qu'enflamment à l'envi le ſaint amour de la vérité, & l'agréable deſir de prolonger mon entretien avec vous, Monſieur ! je craindrois d'avoir fait une ſatyre injuſte, ou compoſé un panégyrique menſonger, ſi je n'avois choiſi des victimes vouées au mépris général, & ſi j'étois autre choſe que l'écho du public.

Revenons au différent de M. Hume & de M. Rouſſeau. Je crois vous avoir démontré que le philoſophe Anglois a donné trop d'éclat à ſes bienfaits, qu'il a cedé trop facilement aux impulſions de l'amour propre, ou peut-être d'une cabale, ennemie de quiconque ne profeſſe pas ſes ſentimens, qu'il a laissé trop de liberté à un esprit dur, insensible qui ne croit point à la vertu indigente, qu'il a mis trop de hauteur dans sa conduite, trop peu de ménagement dans ses actions; enfin qu'un examen réfléchi des pieces de ce grand procès absout M. Rousseau, & montre le coupable dans M. Hume qui a manqué à la fois à la justice & à la bienséance (*a*). Je ne donne cependant pas mon opinion pour un jugement définitif & je me connois trop pour méconnoître mes forces.

Non nostrum inter vos tantas componere lites.

M. Hume est-il aussi coupable que le croit M. Rousseau? Est-il l'Auteur de la lettre publiée sous le nom du

(a) *Justitiæ partes sunt non violatos homines, verecundiæ non offendere.* Cic. de offic.

Roi de Prusse ? Je me garderai bien de le penser. L'a-t-il connue avant qu'elle fût publique ? y a-t-il donné son approbation ? C'est ce que je ne peux affirmer, mais je le parierois. M. Walpole qui s'avoue l'Auteur de ce sarcasme est compatriote de M. Hume ; il est son ami ; il loge sous le même toît lorsqu'il produit cette pomme de discorde ; qui pourra se persuader qu'il ne l'a pas montrée à M. Hume, & qu'ils ne se sont pas concertés, pour qu'un d'eux abaissât l'orgueil qu'ils ont voulu voir dans le mérite d'un infortuné, tandis que l'autre l'éléveroit avec fracas au-dessus de l'infortune ?

Ce qui m'attache à cette idée, Monsieur, c'est que je sais que M. Hume a toujours parlé à Paris de M. Rousseau comme d'un homme qui lui inspiroit plus de compassion que d'estime ; d'un homme qui allioit la simplicité des mœurs, au faste de la plus ſuperbe philoſophie, d'un homme qui n'avoit qu'une réputation uſurpée, *magni nominis umbra*, établie par des opinions extravagantes plutôt que par des talens extraordinaires.

Que M. Hume ſe rappelle encore le parallele qu'il a fait de M. Rouſſeau avec un autre écrivain dont l'éloquence a ſucceſſivement remporté 4 à 5 palmes académiques. M. Hume, en donnant la préférence à ce dernier, s'eſt encore expliqué ſur le compte de M. Rouſſeau d'une maniere à perſuader que ſon jugement n'étoit ni celui de l'amitié ni celui de la juſtice. M. David Hume, le public ſans ceſſer d'admirer l'un & l'autre de ces écrivains, ne ſera ſûrement pas de votre avis.

Que ne puis-je, Monſieur, vous mener à la ſource de cette inimitié, à travers les ſentiers tortueux de la jalouſie, à travers les épines du ſchiſme que redoute une ſociété, l'ennemie née de tout homme célébre qui voudra penſer & écrire d'après ſon propre cœur; avec des vues & dans des principes oppoſés à ceux de la ſociété dominatrice du Parnaſſe.... Mais les effets n'en ſont malheureuſement que trop connus; & cette entrepriſe exigeroit une prolixité qui pourroit devenir fatiguante. Laiſſons encore pour l'honneur des lettres & par ménagement pour la philoſophie, laiſſons la cauſe dans les ombres d'une nuit obſcure: *Cauſa latet; vis eſt notiſſima.*

Je paſſe, Monſieur, à l'examen de la déclaration faite par M. d'Alembert, qu'il n'eſt pas l'auteur de cette lettre pſeudonyme ſi outrageante publiée ſous le nom du modele des Rois. Je ne penſe pas que perſonne doute d'une aſſertion auſſi poſitive, ſur-tout étant donnée par un homme reſpectable à plus d'un titre. On croit volontiers que M. d'Alembert a désaprouvé cette lettre, *par la louable raison qu'il ne faut point se moquer des malheureux, sur-tout quand il ne nous ont point fait de mal*; mais qu'il se souvienne qu'il l'a désapprouvée avant qu'elle fût connue de beaucoup de personnes; n'est-on pas fondé à croire que s'il n'a eu aucune part à l'invention, au moins a-t-il été consulté sur le fonds & sur la forme de la plaisanterie?

A l'egard de M. Walpole; non-seulement la lettre dont il ose s'avouer l'Auteur est une satyre odieuse; mais celle qu'il a écrite à M. Hume le 26 Juillet 1766, est le comble de la malhonnêteté & de la barbarie. Qu'est-ce donc que ce M. Walpole qui parle avec tant de dedain d'un homme de génie recommandable par la pureté de ses mœurs, & admiré de toute l'Europe? On n'ignore pas que l'Angleterre a eu un grand Miniſtre du nom de Walpole ; mais perſonne n'eût ſçu qu'il exiſtoit une autre Walpole s'il ne ſe fût fait connoître par ſa méchanceté. M. Walpole, votre ſtile eſt-il toujours le même? Je vous conſeille de ne pas écrire, où bien il faudra vous contenter des ſuffrages de ceux qui auront comme vous l'eſprit corroſif & le cœur pervers. Au ſurplus les dénégations & les déclarations, les aveux, & les rétractations des gens de lettres, ne ſignifient rien quand la conſidération publique ne prête pas du poids à leurs expreſſions. Ils ſont ſi habiles dans l'art des déguiſemens que la vérité reſte le plus ſouvent confondue dans une multitude de faits & de propos, d'apparences & de réalités qu'ils ſavent créer au gré de leur amour propre ; ne peut-on pas appliquer à la gent lettrée, ce que Juvenal dit des Grecs. *O quàm.... natio comœda eſt !*

Je ne vous ai point entretenu de la préface qui est en tête de *l'Exposé succinct*, & qu'on attribue à M. S** éditeur de la brochure & un des auteurs de la gazette de France. J'en suis d'autant plus étonné que M. Rousseau est outragé cruellement dans cette préface, & que M. S** a autant d'honnêteté & de douceur dans l'esprit que de pureté dans le cœur. C'est à son attachement pour M. Hume & pour ses partisans qu'il faut sans doute imputer cette disparate.

Je finis, Monsieur, en vous invitant à chercher vous-même la vérité dans les mémoires du procès. Si elle m'étoit échappée, ou si vous apperceviez de la légéreté dans mon jugement, daignez de grace m'en instruire pour les reformer. Je serai aussi docile que reconnoissant, & je peux vous assurer que du moins il y a une solidité immuable dans les sentimens avec lesquels j'ai l'honneur d'être, Monsieur, votre très-humble, &c.

T. VERAX.

A Auteuil, près Paris, le 24 *Octob.* 1766.

www.ingramcontent.com/pod-product-compliance
Ingram Content Group UK Ltd.
Pitfield, Milton Keynes, MK11 3LW, UK
UKHW021521260726
13993UKWH00004B/1819

9 782329 164